SALADIN,

MEMBRE DU CORPS LEGISLATIF,

AU PEUPLE FRANÇAIS

ET A SES COLLÈGUES.

Un décret rendu dans la séance du 24 Vendémiaire prononce mon arrestation, me prive de ma liberté, et m'arrache tout à la fois et aux fonctions que je remplissais comme membre de la convention nationale, et à celles que je suis appelé à remplir comme membre du prochain corps législatif.

C'est le troisième décret de ce genre dont je suis frappé depuis l'ouverture de la convention nationale. Une justice éclatante m'a vengé des deux premiers; une justice non moins éclatante me vengera du troisième; ou, si je succombe dans cette lutte de l'intrigue et de la passion contre la justice et l'ardent amour de la patrie, je suis consolé d'avance du sacrifice auquel je me résigne, certain qu'au moins ces lignes ne descendront pas avec moi au tombeau, et que recueillies par l'amitié, elles serviront au moins à rendre à la mémoire d'un homme pur et intact, ce tribut d'estime qui soutient au sein de la persécution.

En 1793, une fuite salutaire m'a, quinze mois, soustrait aux dangers que j'ai courus; je m'en applaudis, puisque rendu depuis à ma liberté et à mes fonctions, j'ai pu être assez heureux pour rendre quelques services à ma patrie et à mes concitoyens. J'ai cette fois encore échappé à l'arrestation : puisse la proscription nouvelle que j'éprouve, n'être pas aussi longue que la première! car, comme au 31 Mai 1793, elle serait l'indice le plus certain de l'oppression de ma patrie. Le retour seul aux principes vis-à-vis de tous les individus isolés, ou en masse, est le seul garant de la liberté, comme de la sécurité publique.

Qu'on ne croie pas au reste que je crains la mort. Je la crains ignominieuse; je la crains, s'il faut qu'à mon nom

A

s'attache injustement le titre odieux de conspirateur. Mon sang, tout mon sang peut couler, s'il est utile à mon pays, s'il le sauve des nouveaux déchirements que j'apperçois dans un avenir peu éloigné, s'il assure enfin à mes concitoyens le bonheur auquel, après six ans de révolution, ils ont bien le droit de prétendre.

En 1793, je fus proscrit comme fédéraliste ; je le fus, pour avoir tracé l'historique trop fidèle des événements des 31 Mai, 1 et 2 Juin ; pour avoir abandonné la cause triomphante, et triomphante par le crime, et uni mon sort à celui de collègues trop vertueux pour n'être pas vaincus. Je pouvais alors, on s'en souvient, je pouvais, par un silence prudent, éviter cette honorable proscription. D'autres, indignés comme moi de ces événements, se turent ; ils ne furent pas atteints. Moi, je la cherchai, la proscription ; je fus au devant d'elle. C'est ainsi que toujours, lorsque ma conscience m'ordonnera de parler, je parlerai, quelque risque qu'il y ait à le faire ; c'est ainsi que toujours je préférerai le rôle d'opprimé, à celui d'oppresseur.

Aujourd'hui, c'est comme royaliste que je suis proscrit ; c'est comme auteur ou complice d'une immense conspiration, dont le but était de détruire la république, de rétablir la royauté, en assassinant la représentation nationale, en renversant la constitution.

Cette accusation de fédéralisme, qui servit si long-temps de prétexte à tous les crimes, à des forfaits inconnus jusqu'alors ; ce mot de fédéralisme, qui couvrit la France de prisons, de tribunaux révolutionnaires et d'échafauds ; qui, par des assassinats juridiques et répétés chaque jour, épuisa le sang le plus pur, et tarit dans sa source l'espoir des générations futures ; cette accusation, ce mot ont pris dans l'histoire de la révolution la place qui leur appartient. Cette accusation, ce mot serviront à fixer l'épouvantable époque à laquelle la France a offert, à la tête de son gouvernement, des monstres qui ont surpassé en férocité et Néron et Caligula.

Un jour viendra sans doute aussi où l'époque actuelle sera jugée ; la vérité, d'une main sévère, déchirera le voile qui la couvre cette époque. C'est alors qu'on verra s'il était royaliste, celui qu'enflamma toute sa vie le plus pur comme le plus ardent amour de la liberté ; celui qui concourut aussi à fonder la République ; celui qui ne fut proscrit en 1793 que parce qu'il la défendait, et combattait avec quelque courage toutes les factions déchaînées contre elle. Eh ! qu'on se rappèle ce que, dans un écrit du 26 Août 1793, accusé alors d'être contre-révolutionnaire, je disais : » Froissé entre l'anarchie, si elle » triomphe, et le trône, s'il se rétablit, je ne puis avoir » d'espoir que dans l'affermissement de la République «.

C'est alors enfin qu'on verra s'il est un conspirateur, l'homme qui ne connut jamais d'ambition que celle de sacrifier son existence toute entière au bonheur de ses concitoyens ; l'homme dont la modeste existence annonce l'entière abnégation de lui-même ; l'homme décidé à tous les sacrifices ; l'homme qui, par goût autant que par caractère et par devoir, s'est montré étranger à tous les genres d'intrigue et à toutes les factions.

Ne vous étonnez pas, ô mes dénonciateurs, si je parle de moi ! c'est vous qui m'y forcez ; il faut bien que je repousse vos calomnies ; et comment les repousserais-je, si ce n'est en disant quelque bien de celui contre qui vous dites tant de mal, sans y croire, mais uniquement pour satisfaire votre vengeance ?

Je vous le déclare à vous, je le déclare à la France entière : non je ne suis pas, non je ne fus jamais un conspirateur. La faiblesse, que dis-je ? la nullité absolue de preuves, à l'appui de votre dénonciation, en démontre toute la fausseté, et si vous n'aviez pas été tout-à-la-fois accusateurs et juges, vous eussiez rougi de présenter une pareille accusation. Non, je vous le répète, je ne suis point, je ne fus jamais un conspirateur. La prétendue conspiration dont vous me faites un crime, n'existe que dans la dissemblance de mon opinion et de la vôtre sur une question importante.

Eh bien ! étais-je envoyé pour penser d'après vous ou d'après moi-même ? Pensant autrement que vous, n'avais-je pas le droit, n'était-il pas de mon devoir de faire connaître mon opinion, de la répandre et d'éclairer le peuple, à la sanction duquel vous envoyiez un décret que vous avez fini vous-mêmes par regarder, par présenter comme une simple invitation ? Cette opinion, quoique vous en disiez, était à moi, à moi seul ; personne ne me l'a suggérée, et quand on me l'aurait suggérée, j'aurais encore eu le droit de me l'approprier, la croyant utile à mon pays. La rédaction, quoique vous en disiez encore, est mon ouvrage à moi seul. Fût-elle l'ouvrage d'un autre, rien ne vous autorisait encore à m'en faire un crime. Combien d'entre vous seraient coupables, si on l'était pour s'approprier les conceptions et le travail d'autrui ! L'envoi que j'ai fait de cette opinion était encore une suite, une conséquence naturelle du droit que j'avais de l'émettre. Et c'est la première fois peut-être que l'on accuse l'un de nous de ce que tous font, de ce qu'ils font souvent, de ce qu'ils font impunément.

Ainsi, si j'ai conspiré, j'ai conspiré seul. Ainsi, ce que vous appelez une conspiration, n'est autre chose que l'exercice de ma part d'un droit incontestable, ou l'accomplissement d'un devoir sacré envers mes commettants. Ainsi, je ne suis proscrit, que pour avoir eu la simplicité de croire que depuis le 9 Thermidor, les mandataires du peuple avaient recouvré cette liberté sans laquelle ils ne seraient plus que de vils instruments dans les mains d'un tyran ; que pour avoir cru au retour de cette inviolabilité d'opinions, qui seule peut nous permettre d'être utiles ; que pour avoir cru enfin qu'à la veille de l'établissement du régime constitutionnel, on ne violerait pas les lois qui assurent la garantie de la représentation nationale.

Oh ! mes dénonciateurs, quelles armes vous avez données contre vous-mêmes ! Vous n'ignorez pas qu'au milieu de vous, que hors de vous il est des hommes qui ne pardonneront ni aux auteurs de l'immortelle journée du 9 Thermidor, ni aux restes des victimes échappées à la fureur du 31 Mai ; et c'est chez vous, thermidoriens, c'est chez vous, proscrits, qu'un homme proscrit comme vous, qu'un homme qui, comme vous, ne doit son existence qu'au triomphe de la bonne cause ; qu'un homme qui a l'orgueil de s'associer aux vainqueurs de la tyrannie décemvirale, par le rapport dans lequel il en a tracé l'horrible histoire ; c'est, dis-je, chez vous que l'écrivain des évènements du 31 Mai, que l'accusateur de Billaud, de Barrère, de Collot ; a trouvé des dénonciateurs calomnieux sans trouver un seul défenseur. Eh ! où en aurait-il trouvé ? Est-ce à la crête de la montagne, parmi ses ennemis et les vôtres ?

Quel funeste avantage vous leur avez donné, et cela

pour vous venger d'une opinion qui vous contrariait? Tel est le caractère de la vengeance. Inconséquente, elle n'apperçoit pas que, pour se satisfaire, elle creuse elle-même l'abîme qui doit l'engloutir. Proscrits, serait-il vrai que vous n'auriez de vos malheurs retiré d'autre fruit que la science funeste et le besoin d'être persécuteurs à votre tour? Thermidoriens, n'auriez-vous détruit la tyrannie que pour la recréer à votre profit, que pour la perpétuer, en renouvelant les instruments qu'elle emploie? N'auriez-vous renversé d'une main les échafauds, que pour les reconstruire de l'autre?

Voilà cependant ce que peut, ce que doit faire craindre l'acte arbitraire dont je me plains, cet acte qui joint à la scandaleuse violation de toutes les règles, de tous les principes, de toutes les lois, l'injustice la plus caractérisée, et tout à la fois la plus révoltante.

Ainsi, *illégalité et injustice*, voilà le double caractère du décret du 24 Vendémiaire.

Illégalité.

Lorsqu'après la victoire remportée le 2 Juin par la montagne, Robespierre eut établi sa détestable et sanguinaire domination, c'était sur de simples rapports faits soit au nom du comité de sûreté générale, soit au nom du comité de salut public, soit au nom de tous les deux collectivement, que les membres de la représentation nationale étaient décrétés d'arrestation, d'accusation, envoyés au tribunal révolutionnaire et assassinés juridiquement. Ces rapports étaient ordinairement faits par Amar, Saint-Just et Barrère; ce dernier leur donna même un nom que l'histoire sans doute conservera; il les appelait des *Carmagnoles*. Sur ces rapports, les députés inculpés n'avaient pas le droit d'être entendus.

Le triomphe des principes au 9 Thermidor fit sentir la nécessité d'assurer, par des formes salutaires, la garantie de la représentation nationale.

Une loi méditée dans les trois comités de gouvernement, présentée par eux, soumise à une lente et sage discussion, détermina ces formes, et put du moins persuader aux mandataires du peuple qu'ils ne seraient plus désormais les victimes de dénonciations irréfléchies ou calomnieuses.

Aux termes de cette loi (elle est du 8 Brumaire), toute dénonciation contre un représentant du peuple doit être portée ou renvoyée devant les trois comités de gouvernement réunis, et ils ne peuvent en rendre compte à la convention qu'après l'avoir communiquée au représentant inculpé. (Art. premier).

Lorsque les trois comités estiment et déclarent qu'il y a lieu à examen, il se forme une commission de vingt-un, prise au sort. (Art. II et III).

La commission entend le prévenu, lui communique les pièces, lui en fait délivrer copie. (Art. X).

Elle fait son rapport, qui ne peut porter que sur les faits compris dans la dénonciation, et si le rapport tend au décret d'accusation, la convention décide s'il y a, ou non, lieu à l'arrestation provisoire. (Art. VII et XI).

Ces dispositions ont été rigoureusement exécutées à l'égard de Carrier, de Barrère, Collot, Billaud, Vadier et de Lebon.

Il était naturel que l'acte constitutionnel établît les mêmes formes ou des formes équivalentes. Il l'a fait dans le titre V, au chapitre intitulé : DE LA GARANTIE DES MEMBRES DU CORPS LÉGISLATIF.

Il ne permet pas que les citoyens qui sont ou ont été membres du corps législatif puissent être en aucun temps recherchés, accusés, ni jugés pour ce qu'ils auront dit ou écrit dans l'exercice de leurs fonctions. (Art. CX).

Il veut que les membres du corps législatif, depuis leur nomination jusqu'au trentième jour après l'expiration de leurs fonctions, ne puissent être mis en jugement que dans les formes qu'il prescrit par les articles suivants. (Art. CXI).

Et ces formes distinguent le cas du flagrant délit, et le cas hors le flagrant délit.

Dans le premier cas, ils peuvent être saisis, mais il doit en être donné de suite avis au corps législatif, et la poursuite ne peut être continuée qu'après que le conseil des cinq cents aura proposé la mise en jugement, et que le conseil des anciens l'aura décrétée. (Art. CXII).

Dans le second cas, les membres du corps législatif ne peuvent être amenés devant les officiers de police, ni mis en état d'arrestation, avant que le conseil des cinq cents n'ait proposé la mise en jugement, et que le conseil des anciens ne l'ait décrétée. (Art. CXIII).

Enfin, aucune dénonciation contre un membre du corps législatif ne peut donner lieu à poursuite, si elle n'est rédigée par écrit, signée et adressée au conseil des cinq cents.

Voilà les dispositions qui forment la loi commune de mes accusateurs, de mes juges, et de moi; voilà quels moyens devaient garantir à moi le droit sacré d'une légitime défense, et de la part de mes juges la sagesse, et la maturité de leurs délibérations; voilà quelles sont en un mot les formalités qui ont dû nécessairement précéder tout acte destiné à me priver de ma liberté.

Eh bien! toutes ces formalités ont été enfreintes, toutes ces règles ont été violées; et nous nous disons républicains, c'est-à-dire, esclaves des lois!

Il n'y a point eu de dénonciation par écrit et signée. Il n'y a point eu d'examen dans les trois comités de gouvernement; il n'y a point eu de déclaration de leur part qui pût autoriser la formation d'une commission de vingt-un.

Et ces règles, ces formalités qu'on ne s'est pas cru obligé d'observer à mon égard, on les avait rigoureusement observées envers Carrier, Barrère, Billaud-Varennes, Collot-d'Herbois et Lebon. Il est vrai qu'il ne pouvait, qu'il ne devait y avoir rien de commun entre eux et moi. Ils ont été les assassins de leurs concitoyens, et moi on m'a toujours vu l'ardent défenseur de leurs droits. Parmi eux, les uns ont été les complices, les coopérateurs de la tyrannie décemvirale, les autres, ses sanguinaires instruments; et moi, pendant toute la durée de cette tyrannie, j'existais, comme aujourd'hui, privé de ma liberté; j'habitais un souterrein ignoré des hommes, réduit à pleurer sur les malheurs de mon pays; faisant et ne pouvant que faire des vœux ardents pour le retour d'un autre ordre de choses, n'ayant à me reprocher, comme aujourd'hui, d'autre crime que celui d'avoir voulu prévenir ces malheurs, d'avoir dénoncé cette tyrannie, d'avoir appelé le secours des hommes libres pour la détruire à sa naissance.

Mais si cette loi, née sous le régime révolutionnaire, ne devait pas m'être appliquée, s'il est vrai qu'elle ne fut destinée qu'à assurer la garantie des oppresseurs de leur patrie, au moins doit il en exister une que j'aie le droit d'invoquer, et qui doive être observée à mon égard; autrement ce serait le règne de l'anarchie, autrement il y aurait oppression contre moi, et l'oppression contre un individu réjaillit sur la société toute entière; car ce qu'il éprouve, peut être éprouvé aussi par les autres membres de la société.

La déclaration des droits ne veut pas qu'un citoyen puisse être *appelé en justice, accusé, arrêté ni détenu, que dans les cas déterminés par la loi, et selon les formes qu'elle a prescrites.* (art. 8.)

Qu'on me montre donc une loi qui détermine le cas dans lequel on veut me placer. Qu'on me montre la loi qui prescrit les formes qu'on a dû observer envers moi ; et s'il est vrai que je ne sois dans aucun des cas déterminés par aucune loi existante, s'il est vrai qu'aucune forme n'a été observée, n'aurai-je pas le droit d'en conclure que je suis opprimé, et qu'il n'y a pas de différence entre le temps où nous sommes, et le temps où Robespierre, de son sceptre de fer, écrasait ses collègues ?

Je demande une loi ; eh bien ! il en existe une, et c'est celle-là seule qui peut, qui a dû m'être appliquée. Cette loi est l'acte constitutionnel ; il est accepté par le peuple, il l'était, alors qu'on en a violé contre moi toutes les dispositions.

J'ai un double caractère, et conséquemment un double droit pour l'invoquer. Je suis membre de la convention nationale, et c'est pour faits relatifs à l'exercice de mes fonctions que je suis attaqué. Et la constitution dit que *ceux qui sont ou* ONT ÉTÉ *membres du corps législatif, ne peuvent être recherchés, accusés, ni jugés en aucun temps pour ce qu'ils ont dit ou écrit dans l'exercice de leurs fonctions.*

Qu'on reprenne tous les faits qui me sont imputés, et l'on sera convaincu que tous ces faits sont relatifs à l'exercice de mes fonctions.

Ainsi, émission de mon opinion contraire à la réélection forcée des deux tiers, impression de cette opinion, envoi de cette opinion tant aux sections de Paris que dans les départements, promesse de faire la motion pour que les premiers élus ne choisissent pas dans les listes supplémentaires, ceux qui doivent s'adjoindre à eux pour compléter les deux tiers, enfin, allarmes répandues par moi chez mes collègues, sur le projet d'arrestation et de mise en jugement de quelques-uns d'entre nous, refus de me rendre au comité pour m'expliquer sur une partie de ces inculpations.

J'ai donc eu raison de dire, et tout homme de bonne foi dira comme moi, que tous ces faits vrais ou faux sont relatifs à l'exercice de mes fonctions, et que comme membre de la Convention, je ne pouvais être recherché, accusé, ni jugé en aucun temps pour raison de ces mêmes faits.

J'ajoute que j'ai un second caractère pour invoquer la disposition de l'acte constitutionnel. En effet, au moment où j'ai été dénoncé, j'étais nommé par plusieurs départements, membre du corps législatif, et la constitution veut que *depuis ma nomination jusqu'au 30.° jour après l'expiration de mes fonctions, je ne puisse être mis en jugement que dans les formes qu'elle prescrit.*

Elle était connue ma nomination, et le moins clairvoyant a pu s'appercevoir qu'elle était la seule cause d'une dénonciation que jusques là on n'avait pas osé, ou on ne s'était pas cru fondé de faire.

Elle était connue ma nomination. Thibeaudeau, l'acte constitutionnel à la main, s'en est fait un moyen contre l'acte arbitraire qu'on allait se permettre à mon égard, et l'on se rappèle par quelle indigne distinction on est parvenu à éluder la loi que soi-même on avait faite; comme s'il n'était pas souverainement odieux de ravir la liberté d'un homme qu'on ne veut pas, ou qu'on n'est pas encore prêt à mettre en jugement; comme si cette loi distinguait l'arrestation de la mise en jugement, et ne soumettait pas l'une et l'autre mesure aux mêmes règles, aux mêmes formalités.

On n'a pas osé dire que je fusse pris en flagrant délit; le mensonge eût été trop impudent, et d'ailleurs si je l'eusse été, il n'aurait pas fallu de décret pour obtenir une arrestation qui eût existé.

On n'a pas osé dire non plus que la mesure d'arrestation fût urgente, qu'il y eût péril en la demeure; les faits auraient démenti une pareille assertion; on se serait rappelé que, des journées des 12 et 15, aux évènements desquelles on a la perfidie de lier, non mes actions, (on ne m'en reproche aucune,) mais mes opinions, jusqu'au jour où je fus dénoncé, il s'était écoulé 10 jours entiers; que pendant ces 10 jours on m'a vu assidu à mon poste, assister comme auparavant à toutes les séances du jour et de la nuit; on se serait rappelé enfin que je ne me suis soustrait à l'arrestation qu'après qu'elle eût été prononcée; que je ne m'y suis soustrait que parce que la séance de la veille m'avait montré l'acharnement de mes persécuteurs, et la faiblesse de ceux qui, amis des principes, n'ont pas osé les réclamer à grands cris; que parce qu'enfin cette longue séance, où je fus traité comme un coupable, alors que je n'étais pas encore accusé; où un de mes collègues (Prost) s'étonna que je ne fusse pas encore à l'échaffaud; où enfin, moi dénoncé, je ne pus parvenir à me faire entendre, me prouva qu'il n'y a plus de sûreté pour l'innocence, quand toutes les règles sont violées, quand tous les principes sont méconnus, quand, au lieu du respect qu'on doit à un accusé, on lui prodigue les injures, et qu'on devance ainsi pour lui l'instant du supplice.

La distinction que s'est permise l'un des auteurs de la constitution, (BAUDIN des Ardennes), ne peut donc pas sauver l'illégalité de la mesure qui m'enlève à mes fonctions.

Point de dénonciation écrite et signée, conséquemment point de lieu à poursuite, et bien moins lieu encore à arrestation.

Point de rapport d'aucun comité, et il aurait nécessairement fallu que les trois comités de gouvernement fussent réunis.

Je dis point de rapport d'aucun comité; je me trompe, il y en a eu un fait par le comité de sûreté générale, et ce rapport lui-même, prouverait, si j'en avais besoin, mon innocence.

Il était destiné à établir la conspiration, dont Lemaitre était l'auteur, et qui avait, dit-on, son point d'appui dans la convention elle-même. Eh bien ! pas un mot, dans ce rapport, ne me désigne, ne m'indique même comme l'un de ces complices qu'on cherchait avec tant de soin. Dans ce fatras de lettres, lues et relues, mon nom n'est prononcé que deux fois, une fois avec tous mes collègues de la députation de la Somme, et sans aucune qualification qui puisse faire soupçonner à quelle intention cette liste se trouvait là; une autre fois, avec plusieurs autres de mes collègues, et toujours sans que rien puisse faire soupçonner la moindre complicité dans la conspiration dénoncée.

C'est aussi par cette raison, sans doute, que le comité a terminé son rapport sans proposer la plus légère mesure, soit contre moi, soit contre aucun autre de mes collègues.

Certes on ne peut qu'être bien douloureusement affecté,

lorsqu'on pense qu'une mesure que n'ont pas cru devoir proposer des comités qui ont réfléchi et médité dans le recueillement, soit provoquée par des membres qui n'ont entendu qu'une lecture rapide de pièces pour la plupart inintelligibles, qu'elle le soit dans une séance tumultueuse, agitée par le choc de toutes les passions, au milieu d'articulations vagues, fausses pour la plupart, et qu'il ne fut pas permis à l'accusé de détruire, dans une séance de douze heures entières, prolongée bien avant dans la nuit, et où la réflexion était aussi impossible que la modération.

A toutes ces considérations, j'en ajoute une qui est du plus grand poids.

C'est, ai-je dit plus haut, à la conspiration des 12, 13 et 14 vendémiaire, que ceux qui ont juré ma perte unissent par une perfidie bien machiavélique non mes actions, mais mes opinions. Eh bien, il existe depuis plus de dix jours, trois commissions chargées d'instruire et de juger les auteurs et complices de cette conspiration. On aurait pu n'être pas étonné que ces commissions ayant, soit dans les papiers, soit dans les interrogatoires des accusés amenés devant eux, trouvé quelque preuve de complicité contre un ou plusieurs membres de la Convention, en ayent informé le corps législatif; et dans ce cas même, il n'aurait pu y être donné suite qu'après l'observation des formalités prescrites par l'acte constitutionel. Et, cette ressource même, manque encore à mes adversaires.

J'ai prouvé que toutes les formes avaient été violées, que l'observation d'aucune règle n'avait précédé le décret qui prononce mon arrestation; d'où suit par une conséquence nécessaire, l'illégalité d'une pareille mesure; et l'on ne contestera pas que, quand bien même elle pourrait paraître juste au fond, le caractère d'illégalité qu'elle porte avec elle, n'en fasse un acte d'oppression et de tyrannie. Que sera-ce donc, si elle est souverainement injuste?

Si les formes prescrites soit par la loi révolutionaire du 8 brumaire, soit par l'acte constitutionel, eussent été observées, il existerait une dénonciation écrite et signée; et cette dénonciation formant la bâse d'une accusation dirigée contre moi, serait aussi la bâse de mon apologie.

Le défaut d'une dénonciation écrite, ne me laissant à poursuivre qu'une chimère, devrait me dispenser de répondre; car tout édifice qui manque de bâse, s'écroule de lui-même et sans efforts.

Qu'on ne croye pas, cependant, que je me dispense de répondre: ce qui serait pour tout autre une chimère, ne peut pas en être une pour moi; la seule idée du soupçon serait un fardeau qui m'accablerait.

Mais à défaut d'une dénonciation qui caractériserait un délit, qui enchainerait les faits aux preuves, il faut que je cherche épars dans des journaux et ces faits et ces preuves; et ma tâche en devient plus pénible, sur-tout si l'on considère qu'aux passions de mes accusateurs, se joignent aussi celles des journalistes: je la remplirai cependant cette tâche; je ferai ce qu'auraient dû faire mes accusateurs, je ramasserai tous les faits, toutes les allégations; et quelque soin que je prenne à les assembler, elles n'en formeront pas moins un faisceau que rompra le plus léger effort.

Je suis accusé d'être l'un des principaux auteurs de la conspiration qui a éclaté à Paris dans les journées des 12, 13 et 14 vendémiaire.

Si ce fait est vrai, si on en a la preuve ou seulement des indices quels qu'ils soient, pourquoi donc ne suis-je pas déjà mis en jugement? Pourquoi n'est-ce que dix jours après, et le jour même de ma nomination par l'assemblée électorale de Paris, que l'on pense, non pas à me mettre en jugement, mais à me séquestrer de la Convention par un décret d'arrestation?

Je pourrais exiger qu'avant tout on répondît à ces deux questions, mais je vais au but.

Quels sont les faits sur lesquels on appuie cette accusation grave sans doute, et qui, à raison de sa gravité, a besoin de preuves et plus claires et plus précises?

Dit-on que j'ai par des écrits ou publics ou secrets provoqué les arrêtés des sections de Paris, qu'on qualifie de séditieux et attentatoires à la souveraineté nationale?

Je dirais, représentez-moi ces écrits, ou prouvez d'une autre manière, mais légale, qu'ils ont existé.

Dit-on que j'ai été chef ou membre de quelque conciliabule public ou secret, où se soit organisée la révolte, où ayent été combinées les mesures propres à en assurer le succès?

Je dirais: indiquez donc quels sont ces conciliabules, où ils se tenaient, de qui ils étaient composés, et ce qui s'y est dit ou fait.

Dit-on que j'ai eu quelque relation directe ou indirecte,

verbale ou par écrit, avec ce que l'on appelle meneurs de sections?

Je dirais : indiquez quelles sont ces relations, désignez quelle est leur nature et quel fut leur objet; prouvez enfin qu'elles ont existé ; et j'ajouterais, moi, que je ne connaissais et que je ne connais encore aucuns de ceux que vous dites meneurs de sections; qu'ainsi je n'ai jamais vu ni Richer-Serisy, ni Laharpe; et qu'à l'égard de Richer-Serisy, je ne lisais même pas les numéros de son accusateur public, que je ne m'en suis avisé que depuis peu, parce qu'il fallait que je connaisse les écrits d'un homme dont on parlait tant.

Dit-on que j'ai été au milieu des rassemblements des citoyens, y prêcher la révolte, la désobéissance aux lois, l'avilissement ou l'assassinat de la représentation nationale?

Je dirais : indiquez les rassemblements où je me suis trouvé, dites le jour, le lieu, l'heure, et sur-tout ce que j'ai dit, et je vous prouverai que personne plus que moi, n'a prêché l'obéissance à la loi, le respect pour la représentation nationale, l'union et la concorde entre tous les citoyens.

Dit-on que j'ai été dans ces journées malheureuses, dans les réunions des citoyens délibérants ou armés, que j'y ai excité les passions des individus?

Je dirais : désignez où, et quand j'y suis allé, ce que j'y ai fait, ce que j'y ai dit.

Ces faits et ces faits seuls prouveraient que j'ai pris une part active à des événements desquels ont gémi tous les bons citoyens; mais aucuns de ces faits ne me sont reprochés.

Sur quoi donc fonde-t-on une accusation d'une gravité telle qu'elle étonnerait l'homme le plus innocent et le plus pur, l'homme de qui la conduite serait la plus irréprochable?

J'ai fait imprimer une motion incendiaire et contre-révolutionaire, une motion propre à exciter la guerre civile, une motion qui attaque le décret qui prescrit la réélection des deux tiers des membres de la Convention nationale.

J'ai distribué cet imprimé aux Sections de Paris, je l'ai envoyé à grands frais dans les départements. On ajoute même qu'il a dû me couter plus de 400,000 livres, et comme on ne me fait pas l'injure de supposer que je me sois enrichi par la révolution, on en conclut que j'ai été payé par quelqu'un, et Pitt et Cobourg jouent leur rôle.

J'ai cherché à répandre des alarmes dans l'esprit de mes collègues en leur disant que l'on préparait contre sept d'entre eux, du nombre desquels j'étais, des décrets d'accusation.

Inculpé au comité de salut public d'avoir été dans un cabinet littéraire mendier la garantie des Sections et d'avoir envoyé ma motion par ballots dans les départements, je me suis refusé à l'invitation que me faisait Lesage d'Eure-et-Loire de me rendre au comité pour m'y justifier.

J'ai promis de faire, aussi-tôt que se réuniraient les membres choisis directement dans l'assemblée, la motion qu'ils ne nommassent pas ceux qui, portés sur les listes supplémentaires, doivent servir à compléter le nombre de cinq cents.

Enfin les royalistes se sont emparés de mon opinion; leurs journalistes m'ont prodigué leurs éloges, je n'ai point repoussé l'appel qui m'a été fait dans un placard intitulé, *tu dors Brutus*.

Voilà tous les faits qui me sont imputés, et la première réflexion qui saisit tout homme impartial, c'est qu'aucun de ces faits ne tient, directement ni indirectement, aux événements des 12, 13 et 14 Vendémiaire, d'où l'on conclut qu'il est d'une souveraine absurdité de faire de tous ces faits l'échafaudage destiné à soutenir une accusation de conspiration.

Une seconde réflexion frappe encore; c'est que de tous ces faits, pris isolément ou en masse, il est impossible de composer l'apparence même d'un délit.

C'est cependant de tous ces faits que Louvet compose *cette preuve morale qui*, dit-il, *porte la conviction dans l'âme des jurés* (1).

Louvet, arrêtez-vous: *une preuve morale d'un délit matériel!* Et la loi, l'exécrable loi du 22 Prairial, se contentait de *preuves morales!* Et c'est avec des *preuves morales* que vous avez été proscrit! Et c'est avec des *preuves morales* qu'ont été assassinés vos collègues! Et c'est avec des *preuves morales* qu'ont été fabriquées toutes ces conspirations de prisons, tous ces prétendus projets d'assassinats des décemvirs qui ont coûté tant de sang et laissent dans tant de familles le deuil et la désolation! Et vous n'avez pas frémi, vous Louvet, vous dénon-

---

(1) Journal des débats, N°. 1118, page 564, opinion de Louvet.

ciateur de Robespierre, de surprendre sur vos lèvres les expressions favorites de cet assassin de son pays !

Je dois ajouter que ceux qui me poursuivent ont été si étonnés de la faiblesse des faits qui composent leurs *preuves morales*, qu'ils ont eu besoin d'aller, dans une mission terminée il y a deux mois, chercher de nouveaux faits qui pussent corroborer les premiers.

Ainsi dans le cours de cette mission j'ai persécuté les patriotes, je les ai destitués arbitrairement des places qu'ils occupaient, je les ai remplacés par des parents d'émigrés, par des émigrés peut-être ; j'ai fait rentrer un grand nombre de ceux-ci, j'ai favorisé les prêtres réfractaires, j'ai, dans un voyage à Genève, concerté déjà le projet de contre-révolution que je méditais.

Il n'est aucun de tous ces faits qui ne soit une calomnie révoltante, et déjà je l'ai démontré dans la séance nocturne qui a précédé mon arrestation. Il est bon d'observer que je n'ai pu être entendu que sur ces derniers faits, et que mes réponses ont été tellement victorieuses, que d'une part on m'a retiré la parole, certain que sur les autres faits je serais aussi victorieux ; que de l'autre, les faits de la mission n'ont plus reparu dans la séance du lendemain.

J'ai démontré en effet qu'envoyé pour faire aimer la République, j'avais rempli cette tâche honorable ; que j'avais étouffé le germe de plus d'un trouble ; que juste envers tous j'avais fait bénir les principes qui dirigeaient la Convention Nationale ; que pas une seule arrestation n'avait été ordonnée par moi que sur des dénonciations motivées des corps administratifs ; que loin de protéger les émigrés, j'avais appliqué à leur égard les loix dans toute leur sévérité ; que j'avais écouté, d'après les avis des corps administratifs, les réclamations de ceux qui s'étaient pourvus en radiation, et que conciliant la justice et l'humanité, je leur avais assuré la protection qu'ils tenaient déjà de la loi, et le nombre ne s'en élève qu'à trois.

J'ai prouvé que j'avais opéré très peu de changements dans les corps administratifs ; que par une suite de mes principes, j'avais laissé en place tous ceux contre lesquels il ne m'était survenu aucune dénonciation fondée ; que les remplacements, que j'ai opérés, ne l'avaient été que d'après l'avis des corps administratifs supérieurs, et des bons citoyens; j'ai prouvé enfin que loin de favoriser les prêtres réfractaires, j'avais pris contre eux des mesures qui alors ont reçu l'improbation des comités de sûreté générale et de salut public; j'ai offert de représenter tous les arrêtés qui pouvaient justifier ces faits; et j'ai négligé de parler des nombreuses adresses dans lesquelles les citoyens des communes des 3 départements que j'ai parcourus témoignaient à la convention leur satisfaction des principes que j'avais manifestés et de la conduite que j'avais tenue. Ces adresses ont toutes été lues à la convention et insérées au bulletin. Elles déposeront éternellement contre mes calomniateurs.

Quant à mon voyage, non en Suisse, mais à Genève: il m'était permis, je crois, de le faire. On ne l'impute à crime à aucun de mes collègues; j'y fus avec Garnier de l'Aube qu'on n'inculpe pas, j'y fus enfin pour des raisons politiques dont j'instruisis alors le comité de salut public; c'était alors sans doute qu'il devait m'improuver, ou me dénoncer. Les membres qui le composaient savent bien que là, comme par-tout ailleurs, je servis mon pays.

Mais c'est assez m'occuper de calomnies abandonnées aujourd'hui. Je reprends les faits auxquels on paraît tenir encore, et qui comme les premiers ne mériteraient pour toute réponse que le mépris, si on ne les avait liés à la conspiration qu'on poursuit.

J'observerai d'abord qu'il n'existe aucun point de contact entre ma motion et la conspiration dont l'objet était le renversement de la constitution, la ruine de la République, l'assassinat de la Convention, et le rétablissement de la royauté.

Dans ma motion je n'élevais aucun doute sur l'acceptation unanime par le peuple de la constitution républicaine qui lui était présentée; je combattais la réélection forcée des 2 tiers dans la convention.

Eh bien! je le demande, si les Sections de Paris, en acceptant la constitution, se fussent bornées à rejeter les décrets des 5 et 13 Fructidor, et se fussent séparées à l'époque où la loi le leur prescrivait, y aurait-il eu attentat à la souveraineté nationale? Non: tout ce qu'elles ont fait au-delà m'est donc étranger, ne peut m'être opposé, à moins qu'on ne prouve que j'y ai pris une part directe ou indirecte, et loin de le prouver, on ne l'articule même pas.

Les royalistes, dit-on, se sont rattachés à mon opinion, ils en ont fait le fanal qui devait les éclairer.

Je réponds : ces royalistes là étaient bien mal adroits, qui se rattachaient à une opinion toute républicaine, à une opinion qui ne pouvait que renverser leur fol et imprudent espoir ! mon opinion était leur fanal ! ah ! si elle l'eût été, c'est dans le port de la République, c'est dans le port désormais le seul sûr, le seul qui puisse garantir si non des tempêtes, au moins des naufrages, qu'ils eussent abordé ; ils ont échoué contre les écueils, donc mon fanal n'était pas le leur.

Prenons-la au surplus, cette motion que beaucoup condamnent sans la connaître, sans l'avoir même lue, et uniquement parce qu'elle est contraire au décret des deux tiers.

Etait-il royaliste l'homme qui disait ? « Vous avez proclamé la République, mais le peuple l'a voulue ; vous n'avez été que ses organes ; il vous avait ordonné de la proclamer ; il l'a soutenue contre toutes les factions du dedans, comme nos intrépides défenseurs l'ont soutenue contre l'Europe coalisée au-dehors ; ET CE NE SERA PAS LORSQUE PAR-TOUT ELLE TRIOMPHE, LORSQUE SON AFFERMISSEMENT EST LE BESOIN DE TOUS, qu'il faut redouter les choix du peuple ».

Etait-il ennemi de la constitution celui qui disait ? « La constitution de 1791 portait en elle le principe d'une mort inévitable et prochaine ; et l'observateur impartial avait prévu dès sa naissance l'instant de sa ruine. Mais celle que vous venez d'achever, celle que vous allez présenter au peuple qui l'attend, vous laisse au-dessus d'une pareille crainte. Un gouvernement sage et simple, SANS MÉLANGE DE PARTIES HÉTÉROGÈNES QUI EN PRÉPARENT LA DESTRUCTION (1), des pouvoirs à la fois bien divisés et bien coordonnés, la souveraineté du peuple mise à l'abri de toute atteinte, les droits des citoyens bien définis et bien fixés, voilà la garantie de sa stabilité et de sa durée, et il est doux de venir s'y soumettre après avoir eu la gloire d'y coopérer «.

Etait-il *avilisseur* de la Convention Nationale, celui

---

(1) Si on n'entend pas ce que je veux dire ici, ou plutôt ce que je dis, c'est que la passion ôte tout entendement.

qui disait en adressant la parole à ses collègues? « La
» question est tellement importante que pour la résoudre
» vous avez besoin de toute la plénitude de votre sagesse,
» de tout votre amour pour le peuple, de toutes les
» vertus qui appartiennent au Législateur » : celui qui leur
disait : « c'est ainsi qu'avec *les intentions les plus pures*,
» vous seriez accusés d'avoir méconnu le droit, le droit
» exclusif au peuple, de nommer les membres du corps
» législatif » : celui qui leur disait : « une funeste expé-
» rience vous a trop appris que sans cette confiance
» illimitée le bien est impossible, et VOUS VOULEZ QUE
» LE BIEN SE FASSE » : celui qui leur disait enfin : « Oui,
» la constitution sera acceptée, elle le sera parce qu'elle
» remplit les vœux de la nation, PARCE QUE VOUS
» L'AVEZ DÉCRÉTÉE AVEC SAGESSE, elle le sera en dépit
» des factions, et des factieux, parce qu'elle promet un
» gouvernement stable et paisible, un gouvernement
» dont chacun éprouve le besoin ».

Voilà dans quels termes je m'exprimais et sur la constitution et sur ses auteurs, et par une fatalité inconcevable,
ce langage qui manifeste tout à la fois le plus sincère
attachement à l'une, le plus noble respect pour les autres,
est devenu un crime, lorsqu'il pouvait seul effacer les
impressions défavorables qu'avait pu laisser la discussion
affligeante qui avait précédé le décret (1).

Si quelque chose dans cette opinion est coupable,
qu'on le cite donc. Sera-ce cette maxime sur laquelle est
basée la constitution elle-même ? « Il n'est aucun de
» nous qui ne rende cet hommage à la souveraineté de
» la nation, qu'il n'y a que l'élu par elle qui puisse la
» représenter ».

Il n'y a rien dans cette motion qui ne porte le caractère
du plus profond attachement aux principes, de cette
réserve, de cette modération, de cet esprit d'union, de
paix et de fraternité, qu'ont toujours désiré les hommes
sages, et qui nous aurait épargné bien des malheurs.

Si, loin qu'il y ait dans cette motion quelque chose de
coupable, il n'y a rien que de juste que de conforme à

---

(1) On se rappèle ou au moins l'on peut revoir les détails de ces séances,
et voir les reproches scandaleux que se sont faits les divers partis de
l'assemblée.

l'éternelle sagesse, son envoi serait-il plus répréhensible que son émission.

Cet envoi était nécessaire, puisque la Convention reconnaissant que son décret n'était pas une loi impérieuse, l'envoyait à la sanction du peuple; il était donc permis, il était du devoir de tout bon citoyen de faire part au peuple de réflexions propres à l'éclairer ; ce devoir était bien plus indispensable encore à remplir par un mandataire du peuple, sur-tout s'il était persuadé, (ce qui serait une erreur peut être et non pas un crime) que ce décret serait funeste.

L'envoi était nécessité encore par ce qui s'était passé de personnel à moi, dans la séance où je me présentai à la tribune pour la prononcer. D'une part on y avait prétendu que cette opinion était contre-révolutionnaire ; d'une autre, profitant de ce que je n'avais même pu en expliquer l'objet, on supposait, que je me proposais d'attaquer l'article décrété la veille, et qui laissait aux assemblées électorales le choix des deux tiers. Il fallait prouver la fausseté de cette double assertion, et comment pouvais-je le faire autrement qu'en donnant à ma motion elle-même toute la publicité qu'elle pouvait avoir : car qu'on soit de bonne foi, il était inutile de l'imprimer, s'il n'était pas permis de la répandre.

L'envoi aux Sections de Paris n'avait rien que de naturel ; c'est là où les citoyens se rassemblent, qu'on peut leur faire connaître ce qu'il leur importe de sçavoir. L'envoi d'ailleurs a été fait aux Sections, sans lettre de ma part, et de la même manière que s'envoient les journaux payés par le gouvernement.

L'envoi aux départements était tout aussi naturel, ou plutôt c'eût été reconnaître aux Sections de Paris une supériorité que je ne leur accordai jamais, que de ne l'envoyer qu'à elles. Je déclare au surplus que je ne l'ai envoyé qu'au département dont je suis le mandataire direct, aux départements où je venais de remplir une mission, et à quelques citoyens avec lesquels j'avais eu des relations ou d'amitié ou d'affaires. Je déclare en un mot que le nombre des exemplaires envoyés par moi, y compris ceux que j'ai donnés à beaucoup de mes collègues et à mes connaissances particulières, ne s'élève pas à 250.

C'est un fait qu'on aurait pu vérifier facilement en

mandant l'imprimeur très-connu que j'en avais chargé, et en lui faisant représenter son registre ; on aurait su de lui qu'il n'en a pas imprimé plus de 2,500 ; qu'il ne m'en a pas donné, à moi, 500 ; que ma convention était que moyennant ces 500 exemplaires il se chargeait de la perte s'il y en avait, comme je lui abandonnais le bénéfice.

En tenant cette conduite toute naturelle, on se serait épargné le regret de calomnier un homme à qui on peut reprocher des erreurs sans doute, mais à qui on ne reprochera jamais un crime. On n'aurait pas supposé calomnieusement qu'il était payé par l'étranger, cet homme qui n'a aucune autre relation que celles que nécessitent ses occupations, et qui renfermé dans le cercle étroit d'un petit nombre d'amis, ne s'est jamais trouvé à ces conciliabules où l'on règle les destinées de l'empire ; à ces dîners que Legendre a plus d'une fois dénoncés, et qui pouvaient laisser des soupçons sur les membres qui les fréquentaient.

En voilà assez, trop peut-être, sur ces faits que déjà chacun appréciait à leur juste valeur, je passerai aux autres.

Je néglige les éloges qui m'ont été, comme à plusieurs de mes collégues, donnés par des journalistes que je ne connais pas. Certes il serait bien malheureux, le fonctionnaire public à qui l'on aurait droit de faire un crime des opinions que conçoivent sur son compte des individus auxquels il est étranger. Quant à moi, je déclare que je n'ai pas été plus flatté des éloges que me donnaient les journalistes qu'on appèle *Chouans*, que je n'ai été offensé des injures que me prodiguaient chaque jour des journalistes stipendiés par le gouvernement.

Je n'ai pas repoussé l'appel fait dans cette affiche intitulée *tu dors Brutus*. Le mépris seul, et ma conduite, étaient la seule réponse à un anonyme ; j'ai imité en cela mes collégues provoqués comme moi, et mon silence n'est pas plus coupable que le leur.

Le fait cité par Lesage (d'Eure et Loire), s'explique naturellement. Je ne lui suppose aucune intention perfide, mais quand il aura réfléchi sur la tournure qu'il a donnée à un fait très-simple, il se chargera lui-même de me venger.

Peu de jours après l'émission de mon opinion, et avant la réunion des assemblées électorales de Paris, Lesage me joint dans le vestibule de l'assemblée, et me dit, du ton de l'amitié, que j'étais accusé d'avoir été la veille dans mi cabinet littéraire, d'y avoir, monté sur une table, réclamé la garantie des sections; que j'étais encore accusé d'avoir envoyé par balots, ma motion dans les départements: il me conseilla, non de me rendre au comité, mais de monter à la tribune pour me disculper. Je lui demandai s'il avait été fait des dénonciations par écrit, et si le caractère des dénonciateurs était tel qu'il méritât une pareille démarche. Lesage me répondit qu'il n'y avait point de dénonciation proprement dite; et j'ajoutai, moi, que c'était bien assez d'attendre les calomnies sans les chercher, qu'enfin c'était s'accuser que de s'excuser avant d'être attaqué, qu'enfin l'Assemblée qui n'avait point été frappée de la dénonciation ne saurait ce que je voulais dire. Je ne négligeai cependant pas de me disculper auprès de mon collègue; la franchise de sa démarche m'en faisait une loi: je niai les faits, et sur-tout celui de la demande d'une garantie: je niai avoir parlé aux citoyens, monté sur une table, ni dans toute autre attitude; je niai l'envoi par ballots. Lesage me parut satisfait de ces explications, et nous nous quittâmes sans qu'il reparlât de l'invitation qu'il m'avait faite.

Je crus d'autant plus que tout était terminé à cet égard, que, me trouvant le lendemain avec presque tous les membres du comité de salut public et d'autres de mes collègues, Fréron, Tallien, Pelet (de la Lozère,) Louvet, Jean de Brie, Lanjuinais, etc. on reparla de ces faits, que je donnai les mêmes explications, et que chacun m'en parut aussi content que Lesage l'avait été la veille.

Louvet m'accuse aussi d'avoir répandu l'alarme chez mes collègues, en disant qu'on préparait contre quelques-uns d'entre nous des décrets d'accusation. Oui, je l'ai dit, parce qu'on me l'avait assuré, parce que plusieurs indices qui me paraissaient certains semblaient me le prouver: mais où l'ai je dit? C'est dans une réunion fraternelle et amicale, dans une réunion destinée à s'éclairer mutuellement. Comment l'ai-je dit? sans aigreur, et uniquement pour nous mettre en garde contre un pareil projet, s'il existait, ou pour qu'on le démentît, s'il n'existait pas.

Certes, s'il y a là conspiration, ou complicité de conspiration, les échafauds peuvent se rétablir; il y a beaucoup de coupables.

Le dernier fait qui m'est imputé, est celui-ci : j'ai promis, dit Louvet d'après Lehardy, de faire la motion que les membres nommés ne fissent pas le choix de ceux qui doivent compléter les deux tiers.

Je réponds à Louvet et à Lehardy : le fait n'est pas exact. Je me rappèle que causant un jour sur les difficultés qu'on croiait appercevoir dans l'exécution des lois des 5 et 13 fructidor, je proposai comme un doute la question de savoir si les listes supplémentaires étant insuffisantes, on pourrait prendre dans le reste de l'assemblée, non désigné par le peuple, le nombre nécessaire pour compléter les 500. Je ne me rappèle pas bien si j'ai ou non décidé la question ; il est possible que je l'aye fait pour la négative ; je le pensais alors, et si c'est un crime, je l'avoüe.

J'ajoute que, malgré que mon opinion fût contraire aux décrets des 5 et 13 fructidor, j'ai toujours annoncé en public et en particulier, que lorsqu'ils seraient sanctionnés par le peuple, j'en serais le plus ardent défenseur.

J'adjure ici quarante de mes collègues de déclarer, si deux fois différentes, ils ne m'ont pas entendu repousser l'idée jettée de proposer le rapport de ces loix ; si ce n'est pas moi qui ai dit le premier ce qu'on a répété depuis, que ces décrets appartenaient au peuple et ne nous appartenaient plus, qu'enfin nous devions tous nous engager à les soutenir.

Je viens d'expliquer ou de nier les faits qui me sont imputés. Avant toute explication, il était impossible d'y trouver l'ombre d'un délit. Si j'eusse pu être entendu, aucune mesure de sûreté n'eût été prise contre moi. La mesure d'arrestation contraire à toutes les loix, à tous les principes, à la constitution enfin, subsiste cependant ; et nommé par sept départements, membre du corps législatif, compris dans dix ou douze listes supplémentaires (1), je ne puis remplir mes fonctions. Je ne redoute point l'examen sévère et rigoureux de ma conduite ; mais puisque j'appartiens au peuple, il faut que la constitution soit exécutée à mon égard ; il faut qu'une dénonciation existe ; il faut que le conseil des 500 propose l'accusation ; il faut que le conseil des anciens l'ait décrétée ; jusque là, je dois jouir de tous

---

(1) Il m'est survenu depuis de nouveaux procès-verbaux qui portent le nombre des nominations à vingt-quatre.

mes droits politiques. Si la tyrannie subsiste, comment veut-on persuader qu'on a le projet d'exécuter la constitution?

Signé SALADIN.

4 Brumaire, an quatrième.

Saladin, membre du Corps législatif, à ses collègues réunis en assemblée électorale.

Appelé par 24 Départements à partager les fonctions que vous allez remplir, je serais déjà au milieu de vous, sans l'acte d'oppression dont je suis victime, et qui viole à la fois, et les droits de l'homme, et les droits inaliénables du peuple, et la constitution.

Toute comparaison faite entre CARRIER, BARRÈRE, BILLAUD, COLLOT, LEBON, et moi, serait une injure. Mais n'a-t-on pas violé contre moi les formes protectrices qu'on avait religieusement observées pour eux?

Faites donc cesser cette tyrannie. Vous le devez au peuple, votre juge et le mien; au peuple, qui lira demain les lignes apologétiques que j'ai tracées. (Elles sont sous presse.) Vous le devez au maintien de la Constitution que l'on ne violera pas impunément.

Par un arrêté émané de vous, je pourrai, sans danger, me rendre à mon poste. C'est mon droit, c'est celui de mes commettants, vous ne pouvez me le contester. C'est mon devoir, vous seriez responsables des obstacles qui m'empêcheraient de le remplir.

Signé SALADIN.

NOTE DE L'ÉDITEUR.

Ces lignes douloureusement tracées, recueillies par la franche amitié, qu'on retrouve et qu'on apprécie bien dans le malheur, ces lignes précipitamment publiées, manqueront peut-être de cette pureté de diction et de typographie, dont l'auteur se soucie moins que de détruire le soupçon auquel on l'a livré.

Mériter la confiance publique et remplir honorablement ses devoirs, voilà son unique ambition.

De l'Imprimerie de C.-F. PATRIS, rue de l'Observatoire.

Cet ouvrage se trouve chez Brigitte Mathé, Libraire, au Palais Égalité, vestibule du passage Radziwil à côté du Berceau lyrique, emplacement de l'ancien café Méchanique;

Maret, libraire, Palais ci-devant royal, Cour des Fontaines;

Desenne, libraire, Palais ci-devant royal, Galerie de pierres, numéros 1 et 2;

Et chez tous les Marchands de Nouveautés.